E.-J. SAVIGNÉ

LE SAVANT

MICHEL SERVET

VICTIME

DE TOUS LES FANATISMES

VIENNE

HENRI MARTIN, IMPRIMEUR-ÉDITEUR

12 et 12 bis, place du Palais

1907

MICHEL SERVET

E.-J. Savigné

1834-1906

E.-J. SAVIGNÉ

LE SAVANT

MICHEL SERVET

VICTIME

DE TOUS LES FANATISMES

VIENNE

Henri MARTIN, IMPRIMEUR-ÉDITEUR

12 et 12 bis, place du Palais

1907

COMITÉ DE PATRONAGE

Présidents d'honneur

MM.

Le Préfet de l'Isère.

Marcellin BERTHELOT, sénateur, ancien Ministre, membre de l'Academie Française et de l'Académie de Médecine, secrétaire perpétuel de l'Académie des Sciences, professeur au Collège de France.

Antonin DUBOST, sénateur, président du Sénat, ancien Ministre, conseiller d'Etat honoraire, président du Conseil général de l'Isère.

Président

Camille JOUFFRAY, sénateur de l'Isère, ancien maire de Vienne.

Vice-Présidents

Le Sous-Préfet de Vienne.

J. BRENIER, maire de Vienne.

F. BRESSE, ancien maire de Vienne.

Louis BUYAT, député de Vienne.

Membres

Victor AUGAGNEUR, ancien maire de Lyon, professeur honoraire à la Faculté de Médecine, gouverneur général de Madagascar.

MM.

Alphonse AULARD, professeur à la Sorbonne.

Léon BARBIER, président du Conseil général de la Seine.

Armand BASSET, rédacteur en chef du *Progrès de Lyon*.

Charles BEAUQUIER, député du Doubs, président de la Ligue Franco-Italienne.

Dr Rudolf BERGER, professeur à Berlin.

Ernest BIZOT, correspondant du Ministère de l'Instruction publique et des Beaux-Arts, Conservateur des Musées et de la Bibliothèque de Vienne.

Léon BOURGEOIS, sénateur de la Marne, ancien président de la Chambre des Députés, ancien président du Conseil des Ministres.

Aristide BRIAND, député de la Loire, Ministre de l'Instruction publique, des Beaux-Arts et des Cultes.

Dr BRISSAUD, médecin des hôpitaux, professeur à la Faculté de Médecine de Paris.

Henri BRISSON, député des Bouches-du-Rhône, président de la Chambre des Députés, ancien président du Conseil des Ministres.

Dr BROUARDEL, membre de l'Institut, doyen honoraire de la Faculté de Médecine de Paris, professeur à la Faculté, membre de l'Académie de Médecine.

Paul BROUSSE, président du Conseil municipal de Paris.

Ferdinand BUISSON, député de la Seine, professeur à la Sorbonne, directeur honoraire de l'Enseignement primaire, président de la Ligue française de l'Enseignement.

Adolphe CARNOT, membre de l'Académie des Sciences, inspecteur général des Mines, directeur de l'Ecole Nationale des Mines, président de l'Alliance républicaine démocratique, président du Conseil général de la Charente.

Dr CAUBET, doyen de la Faculté de Médecine et de Pharmacie de Toulouse.

Dr Paul CAZENEUVE, député de Lyon, professeur à la Faculté de Médecine, président du Conseil général du Rhône.

CHANOZ, député de l'Isère.

MM.

Octave CHENAVAZ, député de l'Isère.

Louis CLAPOT, rédacteur en chef du *Lyon Républicain*.

Georges CLÉMENCEAU, sénateur du Var, président du Conseil des Ministres, Ministre de l'Intérieur.

Dr COMBEMALE, doyen de la Faculté de Médecine et de Pharmacie de Lille.

Dr DEBOVE, membre de l'Académie de Médecine, doyen de la Faculté de Médecine de Paris.

Dr DÉJERINE, professeur à la Faculté de Médecine de Paris.

Hector DENIS, ancien recteur, professeur à l'Université de Bruxelles.

Auguste DELPECH, sénateur de l'Ariège.

Frédéric DESMONS, sénateur du Gard, ancien vice-président du Sénat.

Gaston DOUMERGUE, député du Gard, ancien vice-président de la Chambre des Députés, Ministre du Commerce.

Maurice FAURE, sénateur de la Drôme, ancien vice-président de la Chambre des Députés.

Anatole FRANCE, membre de l'Académie Française.

A. GINTZBURGER, rédacteur en chef de la *Dépêche Dauphinoise*.

Alexandre GORDON, principal du Collège des Missions, à Manchester.

Dr GROSS, doyen de la Faculté de Médecine de Nancy.

Ernest HAECKEL, professeur à l'Université d'Iéna.

Louis HAVET, membre de l'Académie des Inscriptions et Belles-Lettres, professeur au Collège de France.

Dr John C. HEMMETER, professeur de physiologie à l'Université de Maryland, Baltimore.

Edouard HERRIOT, maire de Lyon, professeur à la Faculté des Lettres.

Auguste KEUFER, vice-président du Conseil supérieur du Travail, secrétaire général de la Fédération du Livre.

Maxime LECOMTE, sénateur du Nord.

Dr César LOMBROSO, professeur à la Clinique de Psichiâtrie de Turin.

MM.

Dr LORTET, doyen de la Faculté de Médecine de Lyon, correspondant de l'Institut.

Claude LOUP, adjoint au Maire, conseiller d'arrondissement de Vienne.

Dr MAIRET, doyen de la Faculté de Médecine de Montpellier.

R. MONIEZ, recteur de l'Académie de Grenoble.

Jean MOREL, maire de Charlieu, député de la Loire.

Antoine MOREL, conseiller général de Vienne.

Dr W. OSLER, professeur de Médecine à l'Université d'Oxford.

Paul PAINLEVÉ, membre de l'Académie des Sciences, professeur à la Sorbonne.

Edouard PETIT, inspecteur général de l'Enseignement primaire.

Ch. PIGUET-FAGES, président du Conseil administratif de la ville de Genève.

Dr PITRES, doyen de la Faculté mixte de Médecine et de Pharmacie de Bordeaux.

Simon PLISSONNIER, député, vice-président du Conseil général de l'Isère.

Claude RAJON, député de l'Isère.

G. RÉAL, sénateur, président du Conseil général de la Loire.

Gustave RIVET, sénateur, vice-président du Conseil général de l'Isère.

Jules ROMATIF, maire de Roussillon.

Nicolas SALMERON, député aux Cortès, ancien président de la République Espagnole.

M. SAINT-ROMME, sénateur de l'Isère.

E.-J. SAVIGNÉ, maire de Sainte-Colombe-lès-Vienne.

Gabriel SEAILLES, professeur à la Sorbonne.

Charles SEIGNOBOS, professeur à la Sorbonne.

Alexandre ZÉVAÈS, député de l'Isère.

PRÉFACE

« *Ceci est un livre de bonne foi* ». La
devise que Montaigne a inscrite au fronton
de ses Essais *pourrait servir d'épigraphe aux
pages suivantes, substantielles et équitables,
que M. Savigné a consacrées à Michel
Servet, et qui apparaîtront comme le testa-
ment de sa pensée et le fidèle commentaire
du monument confié au talent de M.
Joseph Bernard.*

Ce que M. Savigné a mis dans ces pages,
ce n'est pas seulement son érudition, qui
était soigneuse, minutieuse et ne reculait

pas devant le labeur souvent ingrat de
remonter aux sources, ni son goût d'écrivain, qui était délicat; c'est surtout son
esprit souverainement épris de tolérance et
de franchise, profondément respectueux de
toutes les croyances, un souci passionné de
l'indépendance de la conscience, de la
pensée et de la personne humaine, et une
aversion irréductible pour tous les fanatismes. Si j'évoque ces traits essentiels de
M. Savigné, — auxquels ses amis en
ajouteraient bien d'autres propres à faire
revivre sa physionomie si bienveillante, —
ce n'est point pour dresser le bilan de sa
vie intellectuelle ni son portrait d'écrivain,
mais pour établir le point de vue où il
s'est placé quand il a entrepris de dégager
de la biographie de Michel Servet et des
passions qui ont fait cortège à son nom
leur exacte signification.

C'est qu'aussi bien une fortune singu-
lièrement mouvementée est échue à Michel
Servet et à son œuvre, à sa vie et à sa mort.
Trois siècles ont été insuffisants à restituer

à sa physionomie la fixité et la fidélité des traits sous lesquels elle s'offrira au Jugement dernier de l'Histoire. Ballottée en tous sens, sa mémoire a eu une destinée errante et tourmentée. Longtemps, elle a été le signe de ralliement des passions déchaînées dans des directions contraires ; longtemps la sentence de Vienne et le bûcher de Genève ont servi d'aliment à des polémiques sans issue.

Et s'il est vrai qu'aujourd'hui ses mânes aient trouvé leur vrai destin, et que parmi les témoignages de l'admiration humaine, ils soient rendus à leur mission d'évoquer une des plus tragiques aventures que l'Histoire de la pensée ait enregistrées, et de symboliser la tolérance, l'héroïsme et l'indépendance intraitable de la raison, M. Savigné devra occuper un rang d'honneur parmi les initiateurs de cette œuvre de justice pour la part qu'il aura prise à assigner à Michel Servet sa place définitive dans le respect des hommes.

Dans un de ses plus célèbres pamphlets,

Carlyle, avec cette vigueur et cette puissance d'ironie qui lui ont fait cotoyer le génie, dénonçait les intempérances de la statuomanie et observait que, pour un sociologue attentif, de nulle autre façon ne se décèle mieux le niveau des esprits qu'en matière de statues publiques : « Montrez-moi l'homme que vous honorez, je sais par ce symptôme, mieux que par aucun autre, quelle sorte d'hommes et de peuples vous êtes ».

C'est à peine un paradoxe ; le monde des statues doit former une société d'élite ; il doit être un Panthéon et non un bazar de bronzes. Et des diatribes acerbes et le plus souvent excessives de Carlyle contre la « populace » des statues anglaises, il faut retenir que c'est un acte d'une portée considérable et qui mérite de mûres réflexions que celui par lequel nous donnons la consécration du métal ou de la pierre à un homme et le désignons à l'admiration publique.

La raison d'être de ces monuments est de

nous instruire de nos devoirs les plus élevés ; et s'il ne souligne pas quelque noble effort de l'esprit humain, cet anthropomorphisme par le marbre ou par le bronze est inutile et dangereux.

Une leçon de tolérance, une retentissante invocation à la liberté d'examen, un exemple d'abnégation absolue en face des exigences d'une raison intransigeante, voilà ce qui résulte de l'œuvre de Michel Servet et de sa dramatique destinée. Et pour avoir dégagé de la carrière de Michel Servet ce résidu symbolique avec une exactitude scrupuleuse d'historiographe, un tact parfait d'écrivain et une impartialité sereine de philosophe, M. Savigné aura donné un digne couronnement à son existence intellectuelle. Il aura, par surcroît, fourni à celui qui jette précipitamment ces lignes et à qui il a fait l'honneur de confier son manuscrit, l'occasion de payer à sa mémoire un juste et sincère tribut de sympathie, de regrets et de déférence.

C. B.

INTRODUCTION

I

Au moment où la ville de Vienne se dispose à
ériger, sur l'une de ses places, un monument en
l'honneur de Michel Servet, il nous a paru nécessaire de faire revivre la mâle physionomie de cette
noble victime de l'intolérance.

L'auteur qui s'est le plus occupé de Servet est,
sans contredit, l'abbé d'Artigny qui, dans ses
Mémoires d'histoire, de critique et de littérature (Paris,
Debure, 1749), lui consacre plus de cent pages.
Il est vrai que d'Artigny avait sous les yeux tous
les documents *officiels* du procès, qu'il avait tirés
des archives de l'Archevêché de Vienne, « afin,
dit-il, de fournir des anecdotes, donner un air de
nouveauté... insérer des matériaux intéressants
par leur singularité et leur piquant... ». Si l'on

doit savoir gré à cet ecclésiastique des détails qu'il donne et des pièces qu'il produit, il faut néanmoins constater qu'il a commis quelques erreurs, que son parti-pris est par trop évident et que ses appréciations, tant sur Servet et ses théories, que sur Calvin et ses adeptes, sont singulièrement exagérées.

Les documents signalés par d'Artigny n'existent malheureusement plus, ni à Vienne, ni à Grenoble. En supposant qu'ils eussent été conservés, on les brula certainement, au Champ-de-Mars, le 21 novembre 1793, en même temps que les archives et les titres de l'Archevêché, « papiers de servitude, restes impurs de la féodalité », ainsi qu'on les dénommait alors.

II

Les historiens de l'Eglise de Vienne, Lelièvre, Maupertuy, Charvet et Colombet ne produisent dans leurs publications absolument rien d'inédit.

Lelièvre, dont l'*Histoire de l'antiquité et saincteté de la cité de Vienne* (Vienne, Poyet, 1623) est bien antérieure aux *Mémoires* de d'Artigny, ne dit pas un mot de Servet ; il aurait pu pourtant exprimer son opinion, puisque, né à Vienne, chanoine sacristain de l'Eglise de Saint-Maurice, 25 à 30 ans après le supplice, il était à même, mieux que personne, de faire connaître les impressions de l'époque.

L'abbé Drouet de Maupertuy, dans son *Histoire de la Sainte Eglise de Vienne* (Lyon, J. Certe, 1708), imite le silence de Lelièvre. Son histoire est assez maltraitée par les historiens religieux qui l'ont suivi et lui font un grief d'être « un écrivain étranger au diocèse de Vienne ».

Le silence gardé par Lelièvre et Maupertuy semble prouver qu'une certaine détente se produisit après les exécutions et paraît indiquer surtout que, dans leur conscience, ces deux historiens réprouvaient, peut-être, le supplice de Servet.

L'archidiacre Charvet, dans son *Histoire de la Sainte Eglise de Vienne* (Lyon, Cizeron, 1761) est moins réservé et juge sévèrement Servet. « Ce savant, dit-il, n'était autre chose qu'un *loup déguisé*. Il avait exercé la médecine et eut beaucoup mieux fait de s'en tenir à l'étude de sa profession que de vouloir pénétrer dans le sanctuaire de la religion, avec des lumières trop courtes pour une si dangereuse entreprise : *l'éclat du mystère* de la Trinité l'aveugla, et ne pouvant le comprendre, il osa le nier, soutint que Jésus-Christ n'était qu'un pur homme, et rejeta la foi du pêché originel et la nécessité du baptême. Notre archevêque, toujours attentif à conserver la pureté de la foi, oublia la science, qu'il estimait dans cet homme, pour punir l'hérésie. Servet fut *arrêté par son ordre* ».

L'abbé Colombet, dans son *Histoire de l'Eglise de Vienne depuis les premiers temps du Christianisme* (Lyon, Mothon 1847) se contente de résumer plusieurs faits extraits des Mémoires de d'Artigny, se 'fait le grand redresseur de torts des historiens précédents et s'évertue à prouver que les partisans de la Réforme, qui reprochaient aux Catholiques l'Inquisition et la Saint-Barthélemy, étaient d'avis, eux aussi, de *brûler l'hérétique*.

Enfin, Colombet, à son tour, ne ménage pas son prédécesseur : « Charvet, dit-il, laisse beaucoup à désirer par l'exposition et la défense de la saine doctrine... Il est très bref sur Michel Servet, — très bref sur la Réforme... Il s'efforce visiblement de dénigrer le langage et la conduite des Papes... et son livre, à tout prendre, n'a pas de choses assez vraiment chrétiennes qui fassent aimer l'Eglise de cet amour filial que lui doit un catholique ».

Le langage de ces deux derniers auteurs contraste, sensiblement, avec la réserve observée par les deux premiers et semble dépeindre, exactement, l'état d'esprit de chacune de ces périodes religieuses.

III

En présence du dénigrement des religions entre elles, des controverses ardentes, aiguës, d'adversaires acharnés, et surtout du sectarisme à outrance des chefs de partis religieux, l'infortuné Servet, qui contredisait également les uns et les autres, devait fatalement être sacrifié.

D'un autre côté, comme les crimes de l'hérésie étaient soumis à la juridiction civile; qu'en France le cardinal de Tournon, *tout à la fois*, archevêque et gouverneur de Lyon, « considérait que l'on ne pouvait rien changer ou innover en Religion, sans troubler la tranquillité de l'Etat » et qu'en Suisse « tout homme qui outrageait l'honneur de Dieu était convaincu d'attentat contre la chrétienté, de crime de lèse-majesté divine, etc. » la condamnation était inévitable.

Servet mourut donc sur *le bûcher*, *fidèle à ses convictions*, victime de l'intolérance des *Eglises* et des *pouvoirs publics* de son temps.

Ce qui restera de la grande figure de Servet, c'est cette indépendance de l'esprit qu'il osa réclamer en plein XVI⁰ siècle, au milieu de militants fanatiques ; c'est cette liberté d'examen, de libre discussion qu'il revendiqua de toute son énergie, de toutes ses forces et qu'il paya de sa vie ; c'est enfin cette émancipation de la pensée humaine, qui appartient naturellement à chacun, dans son libre arbitre, et qu'après bien des siècles nous avons de la peine à voir proclamer, alors surtout, comme le disait déjà Servet lui-même, que l'on n'est « ni séditieux ni perturbateur du repos public ».

Les adhésions sympathiques, qui ont surgi de toutes parts en faveur du monument Servet, ne doivent pas être considérées comme des actes d'hostilité envers *n'importe quelle religion*.

En faire une œuvre de discussion de dogmes ou de controverses religieuses, serait tout-à-fait contraire à l'esprit des initiateurs, vouloir rabaisser le grand enseignement qui résulte de faits que l'on ne peut que stigmatiser, et diminuer surtout la haute portée philosophique et morale qui domine la situation.

Il faut voir, selon nous, dans les manifestations actuelles, la condamnation de théories surannées, repoussées par la conscience et la raison, et établir, sans conteste, que la Société n'a pas le droit de sacrifier un de ses membres, quelle que soit la classe à laquelle il appartient, pour délit d'opinion et pour n'importe quels principes religieux, humanitaires ou politiques.

IV

La *notice* que nous publions contient des documents précis, authentiques, tirés, en grande partie, des historiens *religieux* viennois.

Nous avons également puisé des détails très intéressants dans les œuvres allemandes de M. H. Tollin, groupées dans un article très documenté de M. J.-P. Magnin, intitulé *Calvin et Servet*, et publié à Wiesbaden, en 1886, par l'éditeur Carl Ritter.

En ce qui concerne l'interrogatoire et le procès de Genève, nous avons, pour certains points, eu recours à un remarquable article publié dans la *Revue Chrétienne* (1er octobre 1903), intitulé : *Les Procès et le bûcher de Michel Servet*, dont l'auteur est le pasteur Eugène Choisy, président du Comité ayant élevé le monument expiatoire à Genève.

Nous aurions pu tirer parti de nombreux documents qui existent encore et former un volume relativement considérable, mais loin de nous la pensée de faire une œuvre d'érudition.

Ce que nous avons voulu, c'est suivre, pas à pas, Servet dans son existence plus que mouvementée, dans ses études, ses recherches et ses aspirations; dans la formation, la transformation et la progression de ses idées; résumer les phases variées de ses lumineux espoirs et de ses douloureuses déceptions, aussi bien dans les milieux séculiers et scientifiques que dans le labyrinthe des religions; mettre en relief l'accumulation de ses crimes... plus fictifs que réels, les étonnantes et curieuses péripéties de ses procès, de ses interrogatoires, de ses condamnations, de son affreux supplice et enfin rendre un éclatant hommage à la constance de ses principes, à la fermeté de ses convictions.

Nous nous sommes appliqué à être bref et succinct; les faits, d'ailleurs, rigoureusement exacts, parlent d'eux-mêmes et tout commentaire serait superflu.

E.-J. S.

Ste-Colombe-lès-Vienne, juin 1906.

BIOGRAPHIE

Sur les bords riants et fleuris de l'Ebre, dans une petite ville de la Navarre, appelée Tudelle, naquit un beau jour, en l'an du Christ 1511 et le 29 de septembre, un enfant du sexe masculin, auquel on donna le prénom de Michel. Son père était le notaire royal Servet, d'une ancienne noblesse de robe de Villanova, du royaume d'Aragon, et sa mère, née Revès, appartenait à une famille du midi de la France.

L'enfant parut doué d'une intelligence remarquable et son père, de bonne heure, eut l'intention de le consacrer au barreau. A peine âgé de 10 ans, on décida que, malgré certaines velléités « chevaleresques et belliqueuses », Michel entrerait dans l'école que dirigeait alors, à Saragosse, un des plus savants hommes de l'Espagne, Pétrus Martyr ab

Angleria, qui s'était voué entièrement à la littérature
et à l'éducation de la jeunesse noble du royaume.
« Plus soigneux de former l'esprit de ses élèves
que de le meubler, Angleria avait l'art de dévelop-
per chez eux la faculté d'observation qui découvre
et la réflexion qui sait tirer les conséquences de la
découverte faite, pour marcher à de nouvelles ».
Michel Servet dut à son professeur le plus net de
ce qui fit sa gloire : la méthode d'observation.

A cette époque, les écrits de Luther avaient excité
en Espagne un véritable enthousiasme. Servet en
lut-il quelques-uns ? Ce qu'il y a de certain, c'est
qu'il se passionna pour les questions religieuses.
En attendant, il poursuivit ses études avec succès et
prit un grand intérêt à la géographie et à l'histoire.
On dit qu'à l'âge de 14 ans, il entendait le latin, le
grec, l'hébreu et avait des notions très étendues en
philosophie, en mathématiques et en théologie
scolastique. Il paraît incontestable qu'il possédait une
merveilleuse aptitude pour acquérir les connaissan-
ces les plus diverses.

Angleria mourut et ce fut une déception; qu'allait
devenir l'étudiant de 14 ans ? Le hasard y pourvut.
Un moine Franciscain, Jean Quintana, docteur en
théologie, fut appelé auprès de l'empereur en
qualité de prédicateur, puis de confesseur. La
correspondance du prélat prit une telle extension
qu'il lui fallut un secrétaire. Michel Servet fut choisi.

Avec Angleria, Servet avait abordé les théories
de la scolastique, science que l'on cultivait à outrance à Saragosse. Le jeune homme se plut aux

discussions de cette nature et ne tarda pas à y devenir maître.

Le père de Servet, tenu au courant des travaux de son fils, commença à être inquiet de la tournure que semblait prendre ses idées en matière religieuse. Il crut alors devoir l'envoyer hors de l'Espagne pour étudier les lois et choisit Toulouse, la ville la plus renommée pour sa faculté de droit.

Quintana, chargé par l'empereur d'une mission plutôt fictive que réelle, partit pour Toulouse en 1528, emmenant son secrétaire. C'est donc confondu dans la suite du confesseur impérial que le futur étudiant en droit gravit lentement, à dos de mulet, les pentes des Pyrénées. A quoi songeait-il en quittant son pays pour la première fois et pour n'y plus revenir ? Il espérait sans doute trouver là-bas, au delà de ces monts, dont le soleil faisait étinceler les blancs sommets de neige, ce qui était l'objet de ses plus ardentes aspirations : la vérité.

Toulouse était un des foyers religieux des Gaules. « Malheur au passant qui ne se découvrait pas devant une image sainte, qui ne fléchissait pas le genou quand tintait la cloche de l'Ave Maria ou qui se permettait de la viande un vendredi ! ». Le malheureux était perdu et noyé dans l'eau à l'aide d'une cage de fer.

La jeunesse étudiante était turbulente, les professeurs qui déplaisaient étaient souvent maltraités ; on allait jusqu'à briser les chaires, les bancs et à mettre le feu à la salle du Cours. Les Espagnols n'étaient pas les moins ardents.

Découragé par les contradictions de la doctrine théologique, Servet crut sentir un terrain plus solide sous ses pieds, dans l'étude du droit. Il ne tarda pourtant pas à s'apercevoir que cette science n'était guère qu'un moyen d'exercer l'esprit aux subtilités et que c'était, comme dans la scolastique religieuse, l'éternel *distinguo*.

Il faut bien reconnaître que les dogmes religieux et leurs mystères, tout aussi bien que les textes de loi et leur jurisprudence, ont de telles subtilités qu'il est tout à fait impossible, même à l'esprit le plus élevé, de s'étayer sur des points précis et d'en tirer des conséquences certaines.

Un jour, en feuilletant le code Justinien, ses regards tombèrent sur un titre qui le frappa ; il lut : *De la sainte Trinité, de la foi catholique, des hérétiques, des Apostats* ». Il vit là, immédiatement, un empiètement du pouvoir temporel sur le pouvoir spirituel. Pour le moment il conclut qu'une réforme, en matière de droit, était nécessaire.

Servet se plongea aussi dans la Bible, qui exerça sur lui une sorte de fascination et lui sembla la source de toute philosophie. Il la lut, la relut et en fit son étude assidue ; il l'appliqua à l'étude des livres saints, remonta aux textes originaux, médita les textes sacrés, et interrogea les pères de l'Eglise. Le résultat de ses études l'amena à la *négation du dogme de la Trinité*.

Le jeune étudiant, qui s'était lié avec quelques « escholiers », discuta fort la « saincte escriture ». Mais l'Inquisition redoublait de vigilance, et dans une ville, « où l'on rencontrait à chaque pas des potences et dont le Parlement était fier de sa *torture, la mieux montée qui fut au monde* », il était dangereux d'être d'un autre avis en matière de foi, que « Messieurs les capitouls ».

Le jeune Tudélétain inquiéta Quintana, et comme il devait accompagner l'Empereur en Italie, il retira son secrétaire de l'Université et l'emmena avec lui.

Après un voyage de plus de deux mois, ils arrivèrent à Bologne, pour assister à la cérémonie du couronnement de Charles-Quint, qui eut lieu le 22 février 1530.

Servet fut, dit-on, froissé « du pouvoir illimité » que conférait le Pape à l'Empereur en lui disant : « Gouverne le monde ». Dans cette cérémonie, le jeune Légiste, le fervent « estudieux » de la Bible, avait vu « la consécration solennelle de toutes les mesures de rigueur que, dorénavant, on allait prendre contre quiconque ne s'inclinerait pas devant la lettre de la loi, telle que l'avait formulée les *Décrétales* et les *Conciles* ».

Notre jeune Espagnol avait assisté, imperturbable, à la Pompe, aux cérémonies du couronnement, et, au lieu de le ramener à la foi de ses pères « vieux chrestiens », ce qu'il avait vu et entendu n'avait fait, au contraire, que le convaincre d'une réforme radicale dans l'Eglise ».

Sa position de secrétaire du confesseur impérial ne lui laissant pas ses coudées franches, il chercha à se rendre libre. Certains prétendent que son maître le congédia, d'autres qu'il s'enfuit clandestinement ; d'Artigny raconte que le mandat de secrétaire prit fin par la mort de Quintana, qui se produisit peu de temps après le couronnement. Nous n'avons pas à prendre parti pour l'une des trois versions.

On comprendra très bien, étant données les phases de son instruction, de ses recherches et de ses méditations, que notre jeune étudiant, livré à lui-même, doué d'une intelligence remarquable, supérieure, et n'étant dominé et dirigé par aucun fanatisme, ne dut accepter, comme vérité fondamentale, que ce qui était basé non seulement sur les textes primitifs, mais encore et surtout sur la conscience et la raison.

SERVET LIBRE

Débarrassé de toute domination, ne subissant aucune contrainte, Servet, qui n'avait pourtant pas encore dix-neuf ans, ne craignit pas de s'ériger en apôtre. Etalant au grand jour ses convictions, il s'appliqua à se mettre en relations avec tous les personnages en vue du parti Réformiste.

Profitant de son séjour en Italie, il eut de fréquents entretiens avec les novateurs de l'arianisme renouvelé, et commença à attaquer les dogmes de la Trinité, qu'il qualifia de « doctrine de papistes », ajoutant que « les trois personnes divines étaient une pure imagination, une chimère, des Dieux métaphysiques ».

A la fin de l'automne 1530, il se rendit à Bâle pour conférer avec Œcolampade, un des ministres influents de la Réforme, puis à Strasbourg où il critiqua Bucer et Capito, deux ministres en grand renom parmi les Protestants.

L'opiniâtreté et l'ardeur que Servet apporta dans l'exposition de ses idées, ne lui valurent que froideur de la part des Réformés. Bucer « s'emporta un jour contre lui, en chaire, jusqu'à dire qu'il méritait qu'on le mît en pièces et qu'on lui arrachât les entrailles ».

Servet ne se découragea pas, et chercha des partisans au moyen de la publicité. Il fit imprimer, à Haguenau, un livre intitulé : *De Trinitatis erroribus libri septem, per Michaëlem Serveto, alias Revès ab Aregonna hispanum, Anno MDXXXI* (in-8°, 119 feuillets, sans nom de ville ni d'imprimeur).

L'année suivante, en 1532, il publia un autre ouvrage comme suite ou comme complément au premier, avec ce titre : *Dialogorum de Trinitate Libri duo de justicia Regni christi capitula quatuor, per Michaëlem Serveto*.

Dans ces ouvrages, attaquant toujours le dogme de la Trinité, tel que le professaient l'une et l'autre communion, il exposait ses opinions personnelles sur quelques-uns des points qui *divisaient* les *deux églises*, entre lesquelles il prétendait occuper une *position indépendante*.

Répandus peu à peu en Italie, en Allemagne, en Suisse, les écrits de Servet ne restèrent pas sans partisans, mais ils rencontrèrent pourtant, cela se comprend étant donné l'époque, une forte opposition dans certains milieux

Ses tentatives restant infructueuses, il se décida à

changer de carrière et de nom et se fit appeler Michel de Villeneuve. Il se rendit en France, séjourna d'abord à Lyon, puis à Paris, vers 1533, avec l'intention de se vouer aux sciences exactes et surtout d'étudier la médecine. Mais comme il fallait de l'argent pour vivre, prendre ses inscriptions et que sa bourse était légère, il revint à Lyon, où il trouva un emploi lucratif comme correcteur d'imprimerie.

C'est dans la maison des frères Trechsel (Melchior et Gaspard) que Servet entra ; ces imprimeurs, d'origine allemande, s'étaient distingués à Lyon par la correction de leurs éditions et chargèrent leur correcteur d'une nouvelle édition de l'œuvre du géographe grec *Ptolémée*. Le jeune Espagnol s'entoura de tous les ouvrages nécessaires et fit un « véritable chef-d'œuvre d'érudition et de typographie ».

En 1534, pendant que Villeneuve travaillait à son *Ptolémée*, il eut des relations suivies avec le célèbre médecin Symphorien Champier, pour lequel il fut chargé de corriger un ouvrage. Villeneuve et Champier s'apprécièrent mutuellement ; Champier exerça sur Servet une sorte de fascination, l'initia aux principes de son art et lui inspira le goût de la médecine.

Le but de Servet étant atteint, ses travaux lui ayant procuré assez d'argent pour mettre ses projets à exécution, il partit pour Paris à la fin de 1534 ou au commencement de 1535.

Il ne tarda pas à se distinguer comme étudiant et même comme professeur.

Il se mit à « lire les mathématiques », comme on disait alors, au Collège des Lombards. c'est-à-dire qu'il enseigna la Géographie, l'Astronomie ou plutôt l'Astrologie. Ce cours, auquel il avait donné pour base son *Ptolémée*, réunit un auditoire assez nombreux, et parmi ses auditeurs les plus assidus, on remarquait un jeune prélat, Pierre Palmier, déjà archevêque, fort bien vu en cour, auquel le roi avait confié plusieurs missions délicates.

En 1536, Villeneuve publia en faveur de son ancien maître Symphorien Champier un petit écrit qui fit sensation : *Brevissima Apologia pro Compeggio in Leonardum Fuchsium*.

Il fit aussi imprimer à Paris, en 1537, un ouvrage de médecine qui eut un grand succès ; c'était un *Traité sur les Sirops*, dans lequel il prit la défense de l'école de Galien et d'Hippocrate contre l'école arabe ; c'est un in-8o, intitulé : *Syroporum Universa ratio in Galeni censurem diligenter exposita. Cui port intigram de concoctione disceptationem prœscripta est vera purganti et methodus cum expositione aphorismi : concocta medicari*.

On dit que cette œuvre eut cinq éditions en onze ans ; c'est peut-être exagéré ; outre l'édition de Paris nous n'en connaissons que deux autres, l'une imprimée à Venise en 1545, et l'autre à Lyon en 1546.

Villeneuve eut le bonheur d'avoir pour professeurs de médecine les premiers savants de l'Université : Jean Gunther, d'Anternach ; Jacques Dubois (Sylvius) d'Amiens ; Jean Fernel, de Clermont, etc.; il eut aussi pour condisciples des hommes qui devaient acquérir une grande célébrité et ne tarda pas à être compté lui-même parmi les savants ».

Le professeur Gunther, dont il était devenu le premier aide-préparateur, — place qu'avait occupée immédiatement avant lui son condisciple André Vesale, le premier anatomiste de son temps, — rend hommage à « l'habileté de Servet ».

C'est dans ces travaux à l'amphithéâtre que de Villeneuve fit la plus grande découverte physiologique des temps modernes ; il découvrit la *petite circulation du sang*, ou circulation pulmonaire, qui devait, environ 60 ans plus tard, mettre Harvey sur le chemin de la *grande;* cette découverte eut certainement suffi à immortaliser Servet.

La réputation de Villeneuve ne cessant de le mettre en évidence, ses confrères en devinrent jaloux. A propos d'*Astrologie*, le Doyen lui fit de sérieuses remontrances. Ses confrères continuant à le harceler, il répondit par un pamphlet mordant, — *Apologetica Disceptatio pro Astrologia*, dans lequel, non content de leur reprocher leur ignorance, il les traita de « peste du monde ».

On résolut de sévir contre Servet ; il fut cité devant le Tribunal duquel ressortissaient les causes de religion, car on prétendit que ses principes en matière d'astrologie étaient en opposition avec ceux qu'enseignait l'Eglise ; on l'accusa d'enseigner l'art de la *divination par les Astres*.

Servet comparut, eut le courage de se défendre lui-même, avec le talent qui le caractérisait, et fut carrément absous.

Mais s'il échappa au bras de l'inquisition, qui pouvait *ad iquem* le mener sur le bûcher, il ne fut pas à l'abri du pouvoir séculier. Le Parlement se saisit de la cause et un procès en forme fut intenté.

Servet redoubla d'énergie, persista dans sa manière de voir et se défendit à outrance. Le 18 mars 1538, la Cour prononça son arrêt, qui ne satisfit ni les accusateurs, ni l'accusé. Villeneuve fut condamné à retirer de la circulation tous les exemplaires de son *Apologie* et renoncer à enseigner l'Astrologie judiciaire ; mais par contre, il lui fut permis de continuer à « lire sur l'Astrologie en tant que touche la coignaissance des corps célestes par le regard de la disposition du temps, et des autres choses naturelles ». Il fut aussi enjoint à la Faculté « de le traiter avec douceur et amicalement, comme les pères leurs enfants » et, pour couronner l'œuvre, la partie plaignante fut condamnée aux dépens.

On ne peut nier que ces deux poursuites successives, tout en donnant satisfaction à la jalousie des docteurs, ne fussent inspirées par un ardent fanatisme : l'une émanant du pouvoir religieux qui voulut voir en Villeneuve un « Astrologue » ou un « Sorcier » ; l'autre provoquée par le Parlement qui, se faisant le grand justicier, eut de la peine à admettre que l'on pût penser autrement que le commun des mortels en matière d'astronomie ou de religion. Heureusement pour Servet qu'il fut assez habile pour se soustraire à cette double embûche.

Un auteur dauphinois, M. Paul Simian, dans une notice intitulée : *St-Etienne de St-Geoirs, village delphinal*, (Grenoble, Maisonville, 1861) relate que : « Dès l'année 1535, un fougueux pasteur protestant, Michel Servet, après avoir répandu ses déplorables erreurs à la Côte-St-André, vint prêcher la Réforme à St-Etienne-de-St-Geoirs, qu'il y fut très bien accueilli par le peuple, avide de nouveautés religieuses... qu'il fit de nombreux adeptes au moyen de l'argent qu'il distribuait et que le chatelain de l'époque, M. du Deveys, le fit honteusement expulser... » Ces détails auraient été extraits des *Archives de St-Etienne de St-Geoirs, registre de la Chatellenie, année 1535.*

Des recherches faites dans les archives, il résulte que le registre de *Chatellenie* ne s'y trouve pas. Quant à l'exactitude du fait, il est permis d'en douter. Servet était bien à Lyon, au commencement de 1535, chez les imprimeurs Trechsel, mais allait-il faire des *Prêches ?* S'il pouvait être « fougueux », il n'était certainement ni « protestant », ni « pasteur », et il paraît invraisemblable qu'il eut prêché la réforme et distribué de l'argent, lui qui travaillait, économisait pour amasser un pécule et aller étudier la médecine. N'y aurait-il pas eu confusion de nom, alors surtout qu'à cette époque Servet s'appelait déjà de Villeneuve ? D'un autre côté, s'il faut en croire d'Artigny, les historiens se sont étrangement

A VIENNE

Le siège archiépiscopal de Vienne eut l'honneur d'être occupé, de l'an de grâce 1528 à l'an 1554, par Pierre Palmier, qui, de doyen du chapitre de Saint-Maurice, fut élevé, sur place, de par la protection du roy, à la haute dignité d'Archevêque, avec le titre pompeux, que cet archevêché possédait seul, dans toute la chrétienté, de « Primat des Primats des Gaules ».

Lorsque Palmier prit possession de son poste, « le relâchement de la discipline et la corruption des mœurs préparaient, parmi ses ouailles, les voies à l'hérésie ; ce pontife savant et pieux, chercha à réprimer les excès auxquels le clergé et le peuple se livraient ; persuadé que la science et la religion s'alliaient parfaitement, il attira à Vienne une foule de doctes personnages ».

Les lettres commençaient à fleurir en France, et notre archevêque rechercha ceux qui les cultivaient avec distinction « persuadé que la lumière qu'elles répandaient s'alliait très heureusement avec le flambeau de la religion ».

Il assembla donc à Vienne : Jean Perrelle, célèbre médecin de Valence ; Michel de Villeneuve (Servet) ; Jean Palmier, son cousin, habile prédicateur, et Claude de Rochefort, chevalier de l'église de Lyon, à qui il donna des lettres de Grand-vicaire ; « les deux premiers étaient très versés dans les langues et la belle littérature et les deux derniers joignaient à la science qui convient à leur état, une piété solide qui en est le plus riche ornement ».

Perrelle traduisit en latin les mois attiques de Théodore Gaza et les dédia à notre archevêque ; Michel de Villeneuve lui dédia également une seconde édition qu'il donna de la Géographie de Ptolémée, enrichie de remarques et de cinquante tables géographiques. Cette édition, qui fut faite à Vienne, en 1541, par Gaspard Treschsel, habile imprimeur, est très belle et extrêmement rare ; l'on en trouve une description détaillée dans la *Revue de Vienne* (1837, tome 1er).

Michel de Villeneuve (c'est ainsi que l'on appelle constamment Servet à cette époque) était logé dans un appartement auprès du Palais, dépendant de l'Archevêché.

Il paraît qu'il était aimé et estimé des personnes les plus distinguées de notre ville, qu'il rendit d'immenses services et qu'il aurait pu y passer une vie douce et tranquille, en s'occupant uniquement de l'art médical, qu'il exerça avec beaucoup de succès; mais, imbu des doctrines à la mode et toujours rempli de ses premières idées contre la religion, il se laissa aller à son penchant irrésistible pour les discussions théologiques; ses opinions étaient probablement ignorées de l'archevêque, ou s'il s'en doutait il n'en tint guère compte, espérant ramener son protégé à des sentiments plus orthodoxes.

Le fléau de la peste exerça ses ravages à Vienne en 1527, 1530 et le 24 avril 1542, elle se déclara dans la maison de François Papet et *se répandit dans tous les quartiers*. Les auteurs racontent qu'à cette occasion le médecin Servet fit preuve d'un grand dévouement.

Servet faisait de grands voyages à Lyon pour y soigner l'impression d'une Bible, in-folio, imprimée par Hugues de la Porte, à laquelle il mit une préface sous le nom de Michel Villanovanus; il inséra aussi, dans cet ouvrage, des notes marginales que, dans la suite, Calvin qualifia d'*impies* et d'*impertinentes*. Ces notes regardent surtout les prophéties relatives à Jésus-Christ qui, disait-il, « ont leur sens propre et naturel dans l'histoire du temps, mais ne peuvent s'appliquer que dans un sens sublime et relevé ».

Pendant les déplacements qu'exigeait ce travail, Servet corrigea chez les libraires Frellon une *Somme Espagnole*, de Saint-Thomas, à laquelle il ajouta des arguments; il traduisit encore du latin en espagnol quelques traités de grammaire.

Le libraire Jean Frellon était l'ami de Calvin et c'est par son entremise que Servet se mit en correspondance avec le chef de la Réforme. Mais comme il l'avait consulté, moins pour s'instruire que pour avoir le plaisir de l'embarrasser et de le réfuter, leur commerce de lettres ne tarda pas à dégénérer en injures et en invectives. Le Réformateur de la Suisse avait conçu pour Servet une haine si implacable, qu'il écrivait à ses correligionnaires Farel et Viret que « si cet hérétique tombait entre ses mains, il emploierait tout son crédit auprès des Magistrats pour lui faire perdre la vie (1) ».

Servet, qui ne perdait pas de vue son système sur la religion, recommença un nouvel ouvrage contre le Mystère de la *Trinité* et contre d'autres dogmes du christianisme et l'intitula : *Christianimi Restitutio*. Après y avoir travaillé pendant quatre ans, il envoya son manuscrit à un Allemand de ses amis, nommé Marrinus, le priant de le faire imprimer à Bâle. Ce projet ne put aboutir.

C'est alors que Servet prit le parti de se confier à Balthazard Arnollet, libraire à Vienne, et à Guillaume Guéroult, beau-frère d'Arnollet et directeur de son imprimerie. « Il lui fit entendre que, quoique son livre fut dirigé contre Calvin, Mélanchton et d'autres hérétiques, il avait de très fortes raisons de ne mettre à cet ouvrage ni son nom, ni celui de la ville et de l'imprimeur »; il ajouta que l'impres-

---

(1) H. Bolsec. — *Vie de Jean Calvin*, Lyon, chez Jean Poilrasson, devant St-Antoine, 1577. — M. le prof. E. Doumergue (*Signal*, 10 octobre 1900), dit que le témoignage de Bolsec est suspect et qu'on ne peut s'y arrêter.

sion se ferait à ses dépens, qu'il corrigerait lui-même les épreuves, et promit à chacun d'eux cent écus de gratification, somme considérable pour ce temps-là ; ces conditions furent acceptées et l'ouvrage fut terminé au commencement de 1553.

Dans cet ouvrage, divisé en six parties, Servet développe les idées théoriques et pratiques par lesquelles il propose de remplacer les *erreurs* de l'Eglise et les *prétendues réformes* des Docteurs protestants, les unes et les autres étant également opposées, suivant lui, à l'esprit de l'Evangile et au Christianisme primitif. C'est un plan complet de Réforme.

Dans le Ve livre, pages 169 et 171, se trouve un remarquable passage sur la circulation du sang à travers les poumons, par le moyen de l'artère et des veines pulmonaires, dont nous avons déjà parlé.

La *Restitution du Christianisme* s'imprima si secrètement que personne à Vienne n'en eut la moindre connaissance ; Servet en fit transporter tous les exemplaires à Lyon et en déposa une partie chez un fondeur en caractères d'imprimerie, Pierre Merrin qui habitait *près Notre-Dame-de-Confort*, en lui disant que les cinq balles qui lui avaient été expédiées par la *barquette de Vienne*, ne contenaient que du papier blanc. En attendant une occasion pour faire passer ces balles en Italie, Jean Frellon se chargea d'envoyer le reste à Francfort.

Nous n'avons jamais eu sous les yeux cette édition, tirée à 800 exemplaires, in-8°, formant 784 pages ; seulement, s'il faut en croire M. Tollin, on ne peut pas dire que l'ouvrage fut anonyme dans l'acceptation complète du mot, car les initiales du nom de Servet se trouvaient au bas de la dernière page, M. S. V. (Michael Servetus Villanovanus) avec, au-dessous, la date : 1553 ; il y serait aussi désigné clairement dans le texte d'une citation hébraïque d'un passage grec.

Si l'impression avait été tenue secrète, il n'en fut pas de même de la publication. Les uns disent que, sans se douter des conséquences, Frellon en remit un volume à Calvin ; d'autres racontent que ce fut par l'intermédiaire d'un nommé Guillaume Trie, natif de Lyon, que Calvin reçut la publication.

Ce qu'il y a de certain, c'est que le Cardinal de Tournon, alors archevêque, gouverneur de Lyon, était persuadé que l'on ne pouvait « rien changer ou innover en matière de religion, sans troubler la tranquillité de l'Etat ».

L'inquisiteur Ory (1), le grand vicaire de l'archevêque de Vienne, Louis Arzellier, furent chargés

(1) D'Artigny raconte que Servet fut dénoncé au Cardinal de Tournon par Antoine Arneys, de Lyon, cousin et correspondant de Guillaume Trie. Celui-ci était alors à Genève auprès de Calvin, dont il était devenu le confident, et, à n'en pas douter, Calvin lui-même dicta les lettres de dénonciation qui amenèrent l'arrestation de Servet.

Il n'est pas permis de conserver le moindre doute sur ce point quand on a lu les trois lettres signées Trie et publiées par l'auteur viennois susnommé, lequel, à cette occasion, se livre à un éloge non déguisé du talent littéraire de Calvin.

Quoiqu'il en soit, dès que la 1re lettre, datée du 26 février, parvint à Arneys, elle fut aussitôt communiquée à Mathieu Ory ; le cardinal prévenu se hâta de donner l'ordre d'informer.

de porter des instructions à Gui de Maugiron, Lieutenant Général pour le Roy, en Dauphiné, qui décida aussitôt qu'une instruction serait ouverte.

Un premier interrogatoire que l'on fit subir à Servet et à Balthazar Arnollet et les visites dans leur domicile ne donnèrent aucun indice suffisant pour motiver leur incarcération. Il fut décidé que l'on s'adresserait à Genève : « Calvin ne se contenta pas d'expédier l'exemplaire que l'on demandait, il joignit à cet envoi un cahier de l'ouvrage, contenant des notes marginales de Servet, plus une vingtaine de lettres qu'il avait reçues de lui pendant qu'ils étaient en correspondance théologique.

Il n'y eut plus de doute sur la paternité de *Christianimi Restitutio*.

On n'était d'ailleurs pas embarrassé, et en attendant l'arrivée des preuves de Genève, la *police secrète* s'ingéniait à en *fabriquer* d'autres. Le nommé Guillaume Trie, dont nous avons déjà parlé, devenu à Genève un des prosélytes de la religion réformée, était en correspondance avec un de ses cousins, Antoine Arneys, un catholique ardent établi à Lyon ; Trie communiquait à Calvin les lettres d'Arneys et Calvin dictait les réponses. Or, s'il faut en croire un auteur anglais, Richard Copley Christie (*Etienne Dolet*, Paris, Fischbacher, 1886), c'est à Mathieu Ory que furent portées les lettres écrites au nom de Trie (1). Pour se faire une idée exacte des

(1) Dans ses *Mémoires*, l'abbé d'Artigny a produit la même affirmation qui, nous l'avons déjà dit, paraît être exacte.

procédés de Mathieu Ory, nous le voyons agir tantôt comme policier, tantôt comme procureur général, tantôt comme conseiller, tantôt comme juge ; il rit sous cape en lisant les lettres de Guillaume Trie et il dicte les réponses qu'il faut faire, il demande des renseignements et des preuves à Calvin presque *journellement*. Il éperonne sa mule qui le mène de Lyon à Vienne.

Un jour il est enfermé avec le cardinal de Tournon à Lyon et le lendemain il dîne avec l'archevêque Palmier à Vienne, remue ciel et terre pour trouver des témoignages d'hérésie contre l'accusé. Ce qu'il y a de certain, c'est que les lettres de Calvin, datées des 26 février, 26 et 31 mars 1553, concordent exactement avec la période de l'instruction. Ory et Calvin étaient donc deux compères, l'un opérant à Lyon et l'autre à Genève.

Il paraît pourtant que les précautions avaient été bien prises ; que l'on ne trouva absolument rien dans les perquisitions faites, soit chez Servet, soit chez Arnollet ; que les déclarations des ouvriers disant « qu'ils avaient bien imprimé un gros in-8o, mais n'avaient jamais scû qu'il contint doctrine hérétique », n'étaient pas suffisantes ; que d'après les juges « il n'y avait indice suffisant pour faire aucun emprisonnement», et que, sans les manœuvres policières et les documents écrits envoyés par Calvin, on n'aurait pu ni arrêter, ni condamner Servet.

Le grand Inquisiteur, muni des pièces et de tous les renseignements, accompagné de Pierre Palmier,

MICHEL SERVET

1511 - 1553

de ses deux grands vicaires et de plusieurs docteurs
en théologie, se rendirent le 4 avril 1553 au château
de Roussillon, qu'habitait le cardinal de Tournon,
et il fut décidé que Servet et Arnollet seraient arrê-
tés en même temps.

Le lendemain, 5 avril, on appela, sous un pré-
texte spécieux, Arnollet chez un des grands vicaires
et on le conduisit à la geôle de l'Archevêché.

Servet donnant des soins à de Maugiron malade,
le Vibailli se rendit chez lui et engagea le célèbre
médecin à venir visiter des détenus blessés, ren-
fermés dans la maison d'arrêt delphinale. Dès qu'il
arriva, ordre fut donné à Antoine Bonin, viguier et
geôlier du Palais, de garder Servet « sûrement »,
néanmoins en le « traitant honnêtement » selon sa
qualité et on lui laissa son laquais.

L'inquisiteur envoya ensuite dire « que l'on ne
permit point à Me Michel Servet de Villeneuve de
parler à personne sans licence et que l'on se prit
garde de lui ».

Servet subit un nouvel interrogatoire devant
« Frère Ory, docteur en théologie, pénitencier du
Saint-Siège apostolique, inquisiteur général de la
foy au royaulme de France et dans toutes les
Gaules ». Aux questions qui lui furent adressées,
il répondit se nommer Michel de Villeneuve, être
docteur en médecine, âgé de 42 ans, natif de
Tudelle en Navarre, et habiter Vienne depuis plus
de douze années. Il donna des renseignements sur
les différents lieux où il avait résidé depuis 1525,
parla de ses ouvrages littéraires. mais se garda

bien de convenir en avoir composé contre la religion. On lui montra deux feuilles imprimées, annotées de sa main, il reconnut son écriture et dit : « en ce qu'il sera trouvé contre la foy, il se soubmet à la détermination de l'Eglise et si aulcunes choses y sont escriptes, il les a escriptes légèrement, par manière de disputation et sans y bien penser ».

Ces réponses évasives, qui indiquent chez Servet un état d'esprit spécial, tout à fait momentané, prouvent qu'il voulait à tout prix se tirer de la situation dangereuse dans laquelle il se trouvait. On ne doit pas voir là, selon nous, un acte de défaillance, à en juger par ce que nous savons de lui. N'a-t-il pas déclaré à Genève « qu'il ne se rétracterait jamais ». N'a-t-il pas toujours montré une inébranlable tenacité, et la preuve n'en est-elle pas encore plus évidente quand on songe à l'admirable courage et à l'indomptable énergie qu'il ne cessa d'avoir en montant sur le bûcher ?

On interrogea Servet une autre fois sur divers points de controverse ; il vit, à la tournure des questions, qu'il était trahi par Calvin, et expliqua alors « qu'ayant beaucoup entendu parler de ce Réformateur, lu quelques-uns de ses ouvrages, il correspondit avec lui sans le connaître, et lui proposa, sous le sceau du secret, plusieurs questions, dans le but de le ramener à d'autres opinions ; que Calvin lui répondit que ces propositions étant celles traitées autrefois par Michel Servet, il ne serait pas surpris que Villeneuve et Servet fussent une même personne, et que lui, Villeneuve, continuant à soutenir les opinions de Servet, prolongeait son erreur ».

L'abbé d'Artigny publie *in-extenso* trois lettres (1) de Calvin dont les originaux se trouvaient au dossier du procès, accompagnées « du titre, de l'indice et des quatre premières feuilles de *Christianismi Restitutio* ». Dans ces lettres, Calvin dénonce carrément Servet qu'il appelle *l'Espagnol portugallais*. Il veut, dit-il, *rabattre* un peu *l'orgueil* de celui qui se moque à *gorge déployée* de tout ce que les anciens Docteurs ont dit ; qui fait imprimer par un *quidam* du nom d'Arnollet, des livres qui sont pleins de *blasphèmes* ; qu'il est nécessaire de *purger la chrestienté de telles ordures, voyre de pestes mortelles ;* qu'on ne doit pas se contenter de faire mourir telles gens d'une *simple mort,* qu'il faut les *brûler cruellement.*

Arrêté le 5 avril, interrogé le 6, Servet s'échappa le 7. En entrant dans sa prison, Servet avait, dit-on, tout bien examiné ; le 7 avril il se leva à quatre heures du matin et demanda la clef au geôlier qui allait faire travailler ses vignes. Celui-ci, voyant Servet en bonnet de nuit et en robe de chambre, ne soupçonna pas qu'il fut tout habillé, ni qu'il eût son chapeau caché sous sa robe ; il lui donna la clef et sortit quelque temps après avec ses manœuvres.

Lorsque Servet les crut assez éloignés, « il laissa au pied d'un arbre son bonnet de velours noir et sa robe de chambre fourrée, sauta de la terrasse sur

---

(1) Celles écrites par Guillaume Trie à son cousin Arneys et dont nous parlons plus haut.

le toit et parvint jusque dans la cour, sans se faire le moindre mal ». Il gagna promptement *la porte du Pont du Rhône*, qui n'était pas éloignée de la prison et s'enfuit dans le Lyonnais. Il se passa plus de deux heures avant que l'on s'aperçut de son évasion. La femme du geôlier fut avertie la première et fit cent extravagances qui marquaient son désespoir. Après les proclamations à son de trompe, on fit des perquisitions dans toutes les maisons de Vienne et de Sainte-Colombe.

Cette évasion, qui paraît tout d'abord anormale, peut néanmoins s'expliquer ainsi : Il y avait dans la prison un jardin avec une plate-forme, qui regardait sur la cour du palais où se rendait la justice. Au-dessous de cette plate-forme était un toit d'où l'on pouvait descendre au coin d'une muraille et de là se jeter dans la cour. Quoique le jardin fut toujours soigneusement fermé, on en permettait quelquefois l'accès à des personnes « au-dessus du commun » ; c'est sans doute la clef de ce jardin que le geôlier remit à Servet.

Il paraît aussi qu'une des servantes du geôlier aurait dit au domestique de Servet : « Laquais, allez dire à votre maître qu'il se sauve par derrière le jardin ». — Le fait fut établi, mais il paraît que lorsque le domestique entra dans le jardin, son maître s'était déjà évadé.

On prétendit que l'ami de Servet, le Vibailli, dont il avait soigné la fille dangereusement malade, lui « fournit les moyens de s'évader ». Chorier estime que « ses amis le tirèrent de là » ; d'autres disent qu'il séduisit le gardien Bonin ; un fait significatif, entre tous, c'est que le geôlier, dans son interroga-toire, commence par avouer qu'il avait donné la clef du jardin…puis… *le reste de la déposition est en blanc.* « Il semblerait par là, conclut d'Artigny, qu'il y avait là quelque *mystère* qu'on a voulu ensevelir sous un éternel silence ».

Le reste du mois d'Avril se passa en examen de livres, papiers et lettres chez de Villeneuve et Arnollet ; on retrouva les ouvriers imprimeurs qui dirent qu'ils avaient imprimé le volume sans savoir « qu'il contint des doctrines hérétiques » ; on saisit à Lyon, chez le fondeur de lettres, Pierre Merrin, les cinq balles contenant les exemplaires ; elles revinrent à Vienne et furent mises dans une des chambres de l'archevêché.

Le procès étant suffisamment instruit, on pro-nonça la sentence, le 17 juin, sur la réquisition du « Procureur du roi Dauphin, demandeur en crime d'hérésie scandaleuse et dogmatisation, composition de nouvelles doctrines et livres hérétiques, sédition, schisme et perturbation de l'union et repoz public, rébellion et désobeyssance aux ordonnances faites contre les hérésies ; — effraction et évasion des prisons royalles et delphinalles ».

Servet, contumace, fut condamné à une amende de mille livres tournois, au profit du Roy Dauphin, et à être, s'il était repris, *conduit avec ses livres, sur ung tombereau, au jour et à l'heure du marché, de la porte du Palais Delphinal, par les carrefours et lieux accoustumés, jusqu'à la Halle de la cité, et subséquemment en la place appelée la Charnève et illec estre bruslé tout vif à petit feu, tellement que son corps soyt mis en cendres, et cependant sera la présente sentence exécutée en effigie avecques laquelle seront lesdits livres bruslés.*

Cette sentence fut exécutée le même jour, 17 juin, à midi, « après que l'effigie du dit Villeneuve *avait esté faite par François Bérode, exécuteur de la haute justice. Après avoir subi le parcours prescrit, la dicte effigie a été attachée à une potence expressément érigée et après bruslée, avec lesdicts livres à petit feu par ledict exécuteur, lequel a mys à pleine et entière exécution la dicte sentence selon sa forme et teneur* (1).

L'exécution de cet arrêt est cause de la rareté de l'ouvrage de Servet. D'Artigny (1749) dit que l'on en connaît à peine quatre ou cinq dans le monde ; Peignot, dans son dictionnaire des *livres condamnés au feu*, raconte qu'en 1784, un seul exemplaire fut vendu 4120 livres ; Collombet (1847) écrit qu'il existe bien trois exemplaires seulement de l'édition originale et que celui de la bibliothèque royale porte le nom de Colladon ; ce que nous savons, c'est que la Bibliothèque de Vienne en possédait un exemplaire qui fut détruit dans l'incendie du 5 janvier 1854.

Nous n'avons pu savoir ce qu'il advint de l'*Imprimeur* Arnollet, dont le sort nous intéressait tout

---

(1) La place *Charnève* ou *Charnevoz* où eut lieu l'exécution, était située sur l'emplacement de la *rue de Gére* actuelle, alors que le long de la rivière, à la place des maisons, il y avait de grands beaux arbres. On ne parvenait à cette place que par la rue Cuvière et le pont de St-Martin ou par un petit chemin partant de St-Sevère et longeant les rochers de la Bâtie, alors qu'il n'y avait également ni quais ni maisons.

particulièrement ; sa condamnation fut, dit-on, *connexe* à celle de Servet, mais nous avons pourtant lieu de supposer qu'il ne fut pas *brûlé vif* ; il y eut peut-être là aussi un *mystère!*

C'était aussi le règne des *suspects* : Un modeste ecclésiastique, du nom de Jacques Charmier, accusé d'avoir collaboré au transport, par la barquette, des cinq balles dites de *papier blanc*, adressées au fondeur Merrin, fut condamné à trois années de prison, non pas parce que le fait fut établi, mais par « la raison que ses grandes liaisons avec Servet le rendaient *suspect* ».

Les biens de Servet, quatre mille écus trouvés dans les banques, plus un collier d'une grande valeur, des bijoux, des objets d'art, du mobilier, etc., furent confisqués au profit du roy Dauphin, qui en gratifia un des fils de Guy de Maugiron. Celui-ci ne se contenta pas de s'approprier ce qui se trouvait à Vienne ; il voulut encore connaître les *débiteurs* de Servet et avoir en mains les *titres de créances* : il écrivit donc, le 1er septembre, aux « scindicques et consuls » de Genève une lettre que l'historien religieux Collombet qualifie d'*étrange*, et dans laquelle il priait les autorités de demander des indications à leur prisonnier. Servet refusa tout net de faire connaître ses débiteurs.

Et dire que la dépouille de l'infortuné médecin qui « au moment de son arrestation » donnait encore des soins « forcément gratuits » à Guy de Maugiron et « servait ledit seigneur dans sa maladie » vint augmenter la richesse de « cette noble famille » !

A GENÈVE

S'il est parfois possible de s'évader d'une prison, il faut reconnaître aussi qu'il n'est pas toujours facile de se soustraire à la vigilance des poursuites ennemies ; on est souvent comdamné à se cacher ou à errer comme un vulgaire malfaiteur.

Servet se rendit, dit-on, dans le Lyonnais, à Lyon d'abord ; la distance de Sainte-Colombe à cette ville étant de plus de trente kilomètres, il faut admettre que, comptant de nombreuses sympathies à Vienne et ayant rendu de grands services comme médecin, il fut aidé et facilité dans sa fuite.

Plus de quatre mois s'écoulèrent entre l'évasion et l'arrestation à Genève ; on se demande ce que devint Servet pendant cette période. D'Artigny raconte que « ne trouvant point de retraite assurée, il forma le dessein de passer dans le royaume de

Naples pour y exercer la médecine, que la crainte d'être découvert par les catholiques lui fit prendre la route de la Suisse plutôt que celle du Piémont, et qu'il arriva à Genève où il se tint caché pendant un mois, attendant une commodité pour partir ».

Malheureusement pour lui, il eut le grand tort d'assister à l'un des prêches qui se faisaient dans les temples de la ville ; sa mauvaise étoile le fit reconnaître et il fut arrêté le 13 août 1553, à l'hô-tellerie de la Rose.

On ne peut nier que cette arrestation ne fut l'œuvre de Calvin, qui considérait Servet comme un personnage « infectant le monde de ses blas-phèmes et hérésies et « le plus grand ennemi de la Réformation et de la Chrétienté ».

Calvin, nous l'avons dit, avait déjà contribué à l'incarcération de Servet à Vienne.

On peut même ajouter que « souffrir à Genève la présence de Servet, que Calvin regardait comme un instrument pernicieux des desseins de Satan, eut été, en quelque sorte, se rendre solidaire devant l'opinion publique de son *horrible impiété* ».

Au XVI⁰ siècle, la magistrature civile étant la protectrice de la « vraie religion », c'est devant elle que l'affaire fut portée.

Le premier interrogatoire de Servet eut lieu le 14 août ; on lui reprocha notamment d'avoir « criti-qué le dogme de la Trinité et le baptême des en-fants, et en particulier d'avoir dit de la Trinité qu'elle est un diable à trois têtes, comme le Cerbère ou chien d'Enfer » et du baptême des enfants qu'il est « une invention diabolique » et une « fausseté infernale ».

Servet reconnut avoir parlé contre le baptême des enfants, enseigné qu'on ne commettait point de péché mortel avant 20 ans et affirmé que son opinion sur la Trinité était celle des premiers Docteurs après Jésus-Christ et celle des Apôtres.

Il s'offrit à discuter publiquement avec Calvin et lui montrer ses erreurs et fautes « par vives raisons et autorité de la Sainte Ecriture ». Calvin n'aurait pas craint aussi d'en appeler à l'opinion publique, mais les magistrats refusèrent.

Calvin, qui assista à quelques-uns des interrogatoires de Servet, pour « lui remontrer ses erreurs », ne désirait pas, dit-on, sa mort; il espérait une rétractation; celui-ci s'obstina dans ses opinions sur la *Trinité*, la *Divinité de Jésus-Christ*, le *baptême des enfants*, « l'effacement de nos péchés et le portement de nos iniquités », et de plus accusa fortement Calvin « d'enseigner des doctrines erronées ». C'est alors que Calvin désira la peine capitale, mais en adoucissant le supplice et faisant mourir Servet « par le glaive et non sur le bûcher ».

Les accusateurs de Servet « avaient juré sa perte et ne se faisaient aucun scrupule de lui supposer des crimes imaginaires. A propos du passage de la 1re édition de Ptolémée, où il dit que « l'on a tort de faire de si grands éloges de la Palestine qui, d'après les voyageurs, est tout à fait stérile », on prétendit prouver qu'il avait parlé « d'une manière injurieuse pour Moïse, qu'il était athée, etc. ». Il répondit « qu'il ne s'agissait nullement de Moïse, mais des géographes modernes ».

On considéra cette assertion comme un *blasphème* et on lui fit un crime de ses moindres justifications, le qualifiant d'*affronteur*. Il en fut ainsi presque constamment. Calvin se laissa aller jusqu'à écrire : « Tant y a que ce vilain chien estant aussi abbatu par de si vives raisons, ne fit que torcher son museau en disant : *passons outre, il n'y a point là de mal* ». (*Traités théologiques, p. 836*).

Le Procureur général dit à Servet qu'il devait savoir « que son livre et sa doctrine mettraient la chrétienté en grand trouble et donneraient à la jeunesse l'occasion de se déborder ».

Servet exposa alors « que c'était une pratique nouvelle, inconnue aux Apôtres de l'ancienne Eglise, de faire des procès criminels aux gens, au sujet de leurs sentiments sur les dogmes de la religion ; que d'ailleurs, s'il était coupable d'avoir publié certaines opinions hérétiques, dans Genève, il ne l'avait point fait ni dans cette ville, ni dans aucun lieu de sa dépendance ; que les questions qu'il avait traitées dans ses livres n'étaient point à la portée de tout le monde, mais seulement à celle des savants ; qu'il n'avait été en aucun lieu du monde, ni séditieux, ni perturbateur du repos public ; qu'enfin, étant étranger, il était ignorant des coutumes de Genève, de la manière de parler et procéder, etc. ».

Il terminait en priant le Conseil de ne pas le détenir en « accusation criminelle » et de vouloir bien « lui permettre d'avoir un procureur qui parlât pour lui ».

Le Procureur général répondit que les réponses de Servet étaient « pleines de mensonges », qu'il se « moquait de Dieu et de sa parole en alléguant, corrompant et détournant faussement les passages de la Sainte Ecriture », qu'il était « dans les sentiments des anabaptistes, qui ôtent le droit du glaive aux magistrats », qu'il ne méritait pas d'avoir aucun procureur, ni avocat, que cela était défendu par le droit et qu'on ne l'avait jamais accordé à de pareils séducteurs ».

Le Tribunal ne reconnut pas les réponses de Servet *satisfaisantes* et il fut considéré comme « un anarchiste tendant au renversement de l'ordre social et politique ».

Le but de Calvin était, disait-il, « d'avancer la gloire de Dieu, de maintenir son honneur, de faire respecter sa vérité sainte, sa vérité souveraine ».

Comme conclusion, Servet « s'entêtant à attaquer cette vérité, se montrant opiniâtrement rebelle à cette volonté, *règle de tout bien*, « du moment qu'il outrage l'honneur de Dieu, par ses propos et ses livres blasphématoires, cet homme est convaincu d'hérésie, d'attentat contre la chrétienté, de crime de lèse-majesté divine, et le devoir du magistrat fidèle est désormais de le retrancher de la communauté, comme on ampute le membre pourri qui menace d'infecter le corps tout entier ».

Divers incidents surgirent, et Servet fut en proie,

tantôt à des lueurs d'espoir, tantôt au plus profond découragement.

Le 22 août, il espérait simplement se voir bannir de Genève et demanda au Conseil de mettre en jugement son adversaire Calvin, qui, dit-il, suit la doctrine de Simon le Magicien, et mérite d'être *exterminé et déchacé de la ville et son bien, adjugé à moi, en récompense du mien que lui m'a fait perdre.*

La violence et l'exagération des accusations ne disposèrent pas les magistrats en faveur de Servet.

Après s'être montré « provocateur et menaçant » un profond découragement s'empara de lui; il comprit qu'il n'avait pas choisi la meilleure voie, et, très misérable dans sa prison, il changea complètement de ton. Le 10 octobre, il adressa une requête « aussi suppliante et lamentable que la précédente avait été arrogante et superbe ». On adoucit aussi sa situation en lui donnant « les vêtements nécessaires pour le mettre à l'abri des inconvénients dont il se plaignait: froid, coliques, rompures, etc. ». Servet écrivait de sa prison : « Les poulx me mangent tout vif; mes chausses sont déchirées et je n'ai pas de quoi changer, ni pourpoint, ni chemise. — Le froid me tourmente grandement ».

Un porteur arriva de Vienne avec copie de la sentence rendue contre Servet et demanda le « renvoi de l'Espagnol, afin qu'on put exécuter la sentence prononcée contre lui ». Les magistrats genevois, jaloux de leur droit de juger quiconque était saisi sur leur territoire, répondirent « qu'ils feraient bonne justice ». C'était d'un mauvais augure pour Servet. Il parait qn'en cet *heureux temps*, que certains regrettent, on se disputait l'honneur de *brûler l'hérétique*.

On consulta les Eglises Suisses, qui firent diverses observations, mais étaient d'avis qu'il fallait « persister toujours en cette bonne et sainte volonté d'avancer et maintenir la parole de Dieu ». Si ces Eglises ne recommandaient pas explicitement « d'ôter la vie à Servet, elles approuvaient d'avance la sentence capitale ».

Servet était infailliblement perdu et l'on n'en fut pas surpris, car « Calvin était si respecté des magistrats et du peuple de Genève, qu'il n'était pas moins absolu dans cette ville là, que le Pape ne l'était à Rome ». (*Bibliothèque anglaise, tome 2, page 361*).

On essaya bien de sauver Servet, mais « faiblement ». Le 26 octobre, il demanda que sa cause fut portée au Conseil des Deux-Cents, mais sa proposition fut repoussée et le petit Conseil le condamna « à debvoir estre lié et mené au lieu de Champel et la debvoir estre à un pilotis attaché et bruslé, tout vifz, avec son livre, tant escript de sa main que imprimé, jusques à ce que son corps soit réduict en cendre ; et ainsi finiras ses jours pour donner exemple aux autres que tel cas vouldroient commettre ».

« Le 27 octobre 1553, vers 11 heures du matin, Servet fut mené vers le Tribunal assemblé, selon la coutume, aux portes de l'Hôtel-de-Ville, pour entendre la lecture de la sentence. D'après cette sentence, Servet est coupable d'avoir « mis en avant une doctrine fausse et pleinement héréticale, de l'avoir divulguée par l'impression de livres publiés contre Dieu le Père, le Fils et le Saint-Esprit, bref contre les vrais fondements de la religion chrétienne, et par cela, tâché de faire schisme et trouble en l'église de Dieu… et de n'avoir eu honte, ni horreur de se dresser totalement contre la majesté divine et Sainte Trinité ».

« Les dernières paroles de la sentence furent à peine parvenues aux oreilles de Servet que, frappé d'épouvante à la perspective de cet affreux supplice, il s'écria qu'il « avait toujours voulu suivre l'Ecriture et qu'il suppliait qu'on commuât son châtiment en une peine moins rigoureuse ».

L'éloquent Farel, ministre de Neufchâtel, revenu de son exil à Genève, lui dit alors que, pour obtenir grâce, il devait avouer sa faute et en témoigner l'horreur ; mais Servet refusa de *rétracter ce qui était sa conviction*, répétant qu'il n'avait point mérité la mort et qu'il priait Dieu de pardonner à ses accusateurs.

Dans cette persistance, Farel ne vit qu'un coupable entêtement, et il en fut tellement irrité, qu'il menaça Servet de ne pas le suivre jusqu'au bûcher, s'il s'obstinait à soutenir son innocence.

Le silence du condamné fut sa seule réponse et le lugubre cortège se mit en marche.

« Lorsqu'il atteint les hauteurs de Champel, les préparatifs du supplice sont achevés, et le bourreau n'attend plus que la victime. Avant de le livrer,

Farel invite l'hérétique à solliciter les prières des spectateurs qui l'environnent et à joindre lui-même ses supplications *aux leurs*. Servet obéit à cette demande, puis il se tait ; mais de pieuses invocations continuent à se diriger vers le ciel, pendant que le malheureux, pour qui s'élevaient ces prières, monte en silence sur le bûcher. Au milieu des fagots qui vont le consumer, se dresse un pieu auquel le bourreau l'attache par des câbles de fer ; son livre, cause et compagnon de son supplice, est lié à ses flancs ; sur sa tête est placée une couronne de feuillage, enduite de soufre. Tout à coup brille à ses yeux la torche meurtrière et la vue du feu lui arrache un cri d'effroi qui fait irrésistiblement tressaillir les témoins de cette funèbre scène. Bientôt les flammes l'ont atteint, elles le dévorent, et avant qu'une heure se soit enfuie, il ne reste de Servet, sur la terre, que des cendres dispersées, un nom désormais célèbre et un lugubre souvenir ». (ALBERT BILLIET, *manuscrit inédit*).

Un douloureux détail s'ajoute à ce récit déjà bien triste : le bourreau, par ordre probablement, prit tellement à la lettre les termes de la sentence « brûlé vif », que la torture se prolongea indéfiniment ; Servet dit d'abord : « quoi, avec l'argent que vous m'avez volé, n'auriez-vous pas dû me fournir plus de bois », puis anéanti, à bout de forces, il s'écria, en proie à d'atroces souffrances : « Ne pourrai-je donc pas mourir ? ».

Calvin, dans son *Traité théologique* (p. 817), raconte que, deux heures avant la mort de Servet, il aurait

« protesté, demandé pardon » et dit *qu'il n'avait jamais pensé se venger des injures qu'il lui avait dites*, seulement, d'après d'Artigny, il n'indique pas *quelle impression un compliment si déplacé put faire sur Servet*. On a écrit aussi que *Calvin était à une fenêtre et qu'il sourit quand il vit passer l'infortuné médecin*. M. de la Prache, qui a écrit une *Vie de Servet*, dit que c'est là une *calomnie exécrable*.

Quelques voix isolées, mais timides, s'élevèrent pourtant du camp du parti réformiste. D'après l'auteur anglais Richard Copley Christie, un jurisconsulte éminent, Mathieu Gripaldi, « osa *témérairement* adresser des remontrances à Calvin, en présence du bûcher, et même protester contre la condamnation de Servet ».

Un magistrat genevois, Michel Roset, contemporain de l'évènement, dit que « cet exemple a esté renommé bien loing à la réjouissance de plusieurs qui rendaient grâces à Dieu, qui avait par le glaive de Genève, exterminé ung tel ennemi de la gloire de Dieu et du salut des hommes. Mais d'autres en ont jugé autrement, disant que c'était trop grande rigueur de faire mourir les hommes pour opinions ».

Un autre magistrat de Genève, Jean-Antoine Gautier, secrétaire d'Etat, porte sur le même évènement, un siècle et demi plus tard, une appréciation se résumant ainsi : « Ce qu'on est en droit de reprocher à Calvin, au nom des principes éternels de la morale, c'est d'avoir dénoncé Servet à un tribunal catholique en se servant de documents confidentiels ; c'est d'avoir livré l'infortuné aux magistrats genevois, alors qu'il allait tenter la fortune en Italie ».

Les protestants genevois modernes n'ont pas hésité à accorder à Servet une éclatante réparation : « Si donc ce bûcher, dit M. le Pasteur Choisy, est si tristement célèbre, s'il a engendré un si grand scandale, s'il est encore aujourd'hui un scandale à plusieurs, c'est que, du côté protestant, il *s'éleva seul*, c'est qu'il est en contradiction flagrante, douloureuse, avec le principe de la Réformation, avec la liberté de conscience, avec l'Evangile de Jésus-Christ ».

MONUMENT DE GENÈVE

Si la Suisse est remarquable par la splendeur de ses sites, si elle évoque en nous des aspirations d'indépendance et de liberté, il faut reconnaître aussi qu'elle ne manque pas de généreuses initiatives.

Dans le courant de l'année 1903, il se forma à Genève, dans le milieu protestant, un Comité se donnant pour mission d'élever un *monument expiatoire du supplice de Michel Servet.*

« Ce supplice, disait-on, est un acte d'intolérance, en contradiction avec les vrais principes de la Réformation et de l'Evangile.

« Nous voulons regretter publiquement cet acte et saisir cette occasion d'affirmer hautement notre attachement inébranlable à la liberté de conscience, si longtemps et si souvent méconnue par les *Eglises* et les *pouvoirs publics* ».

Ce Comité, qui eut de nombreuses adhésions et accomplit son œuvre, fut composé comme suit : *Président*, M. le pasteur Eugène Choisy; *vice-présidents*, MM. les professeurs Aug. Chantre, J.-J. Gourd et L. Raffet; *trésorier*, M. le professeur Paul Moriand; *secrétaire*, M. Alex. Claparède.

Le monument, un énorme bloc de granit, s'édifia à Champel, le plus près possible du lieu du supplice (situé, 6, Chemin du Beau Séjour).

Ce bloc porte les deux inscriptions que voici :

LE 27 OCTOBRE 1553

MOURUT SUR LE BUCHER

A CHAMPEL

MICHEL SERVET

DE VILLENEUVE D'ARAGON

NÉ LE 29 SEPTEMBRE 1511

FILS

RESPECTUEUX ET RECONNAISSANTS

DE CALVIN

NOTRE GRAND RÉFORMATEUR

MAIS CONDAMNANT UNE ERREUR

QUI FUT CELLE DE SON SIÈCLE

ET FERMEMENT ATTACHÉS

A LA LIBERTÉ DE CONSCIENCE

SELON LES VRAIS PRINCIPES

DE LA RÉFORMATION ET DE L'ÉVANGILE

NOUS AVONS ÉLEVÉ

CE MONUMENT EXPIATOIRE

LE 27 OCTOBRE 1903

Les dépenses du monument s'élevèrent à 7,512 fr. 80, dont 4,064 fr. 20 souscrits à Genève et 2,161 fr. 60 souscrits en France. Nous constatons avec plaisir que, parmi les souscripteurs, figure la paroisse de Vienne (Dauphiné), représentée par le pasteur Farsat.

L'inauguration eut lieu le 1er novembre 1903, avec le concours de plusieurs centaines de personnes.

M. le pasteur Choisy, président du Comité, après avoir brièvement rappelé le supplice de Servet, remit le monument aux membres du Conseil de paroisse de Plainpalais, qui voulurent et s'en constituèrent les *propriétaires* et les GARDIENS.

La foule se rendit ensuite au Temple de Plainpalais, où on continua la cérémonie.

M. Eugène Choisy, qui préside, commence par adresser des remerciements aux différents corps qui se sont fait officiellement représenter et salue leurs délégués qui sont, pour la France, MM. le professeur Doumergue, de la Commission permanente du Synode général officieux; Edouard Borel, de la délégation libérale ; Henri Bois, de la Faculté de théologie de Montauban, et Théophile Dufour, du Comité de l'histoire du protestantisme français. « Vos églises, leur dit M. Choisy, ont été longtemps sous la croix, et vous savez mieux que d'autres le prix de la liberté de conscience; nous vous remercions d'être venus vous associer à notre acte de réparation ».

Trois éloquents discours sont ensuite prononcés par M. Eugène Choisy, M. le professeur Auguste Chantre et M. le professeur Doumergue. Nous regrettons de ne pouvoir les reproduire en entier, mais nous ne résistons pas au plaisir d'en donner quelques extraits.

M. le pasteur Choisy raconte en détail l'existence tourmentée de Servet, son œuvre, son interrogatoire, son douloureux supplice, en donnant des appréciations du plus saisissant intérêt.

« Le crime de Servet, dit-il, est d'avoir professé et cherché à répandre des doctrines que la chrétienté de son temps jugeait être hérétiques et blasphématoires. On était persuadé qu'il voulait renverser les fondements de la religion chrétienne, faire schisme et trouble... »

« Quant à nous, ajoute M. Choisy, nous ne pouvons en juger ainsi, et nous avons voulu élever un monument pour témoigner combien douloureusement nous déplorons ce supplice... Pour nous, qui nous déclarons fils respectueux et reconnaissants de Calvin, notre grand Réformateur..., nous soulageons notre conscience de protestants et de chrétiens, en répudiant hautement son supplice comme un acte d'intolérance contraire aux vrais principes de la Réformation, comme un acte accompli en violation flagrante des enseignements de l'Evangile et de Jésus-Christ ».

M. le Professeur Chantre prend la parole à son tour et voit un symbole dans ce monument : « Saluons, dit-il, dans ce granit, une espérance ; notre espérance, notre foi, c'est que la tolérance, ou pour mieux dire, la liberté de conscience, la liberté de convictions, quelles qu'elles soient, reposent sur une assise de granit, au sein de l'humanité ».

Rappelant les luttes passées : « Il fallait, dit-il, de courageuses révoltes de conscience, il fallut la philosophie du XVIIIe siècle, il fallut les progrès des sciences, l'intelligence plus profonde et vraie de l'Evangile, de la pensée maîtresse de la religion de Jésus, pour que le dogme de l'intolérance ait été sérieusement ébranlé et pour que la liberté de conscience ait été inscrite dans les Constitutions des peuples qui sont à la tête de la civilisation, en attendant de l'être dans les Chartes de leurs églises ».

Reconnaissant que le « démon de l'intolérance a encore son autel au dedans de nous, qui que nous soyons, qui ne savons pas être respectueux, comme il le faudrait, de la liberté des autres, M. Chantre ajoute que « la prédication de la tolérance n'est pas un hors-d'œuvre aujourd'hui et ici » et convie tous les assistants à pratiquer cette haute et vraie tolérance au nom des hommes qui ont pris l'initiative du monument de Champel. « Ce sont des hommes, en effet, qui savent ce que c'est que la vérité et quel est le prix de la parcelle de vérité qu'ils ont pu acquérir eux-mêmes. Ne voulant pas qu'elle leur soit arrachée, ni même qu'elle soit entamée, exigeant qu'elle soit respectée pleinement, ils se sentent l'obligation stricte de respecter chez les autres la parcelle de vérité que les autres possèdent et professent ».

Enfin, M. le professeur Doumergue donne « le motif dernier, vrai, du monument : « On a dit : Il n'y a qu'une seule expiation possible, celle opérée par le Christ. Le chrétien professe qu'un homme ne peut expier ses péchés devant Dieu.

« Sans aucun doute ! Mais notre monument a-t-il pour but — contrairement à cette doctrine chrétienne, qui a été toujours essentiellement protestante — d'expier en quoi que ce soit une erreur, ou une faute quelconque devant Dieu ? Non, non. Le monument n'est pas dressé à cause de Dieu, il est dressé à cause des hommes.

« Les hommes passent dans les rues de nos villes dites chrétiennes, et crient : « L'Evangile ! voyez les Eglises de l'Evangile ! quelle étrange histoire que la leur ! Ici du sang, là du feu ! Qu'avons-nous encore besoin de l'Evangile? l'Evangile, il est au dessous de notre conscience, au dessous de notre cœur...

Et au milieu du carrefour nous avons élevé notre grande pierre pour qu'elle dise : « Passant, arrête tes pas et écoute ! »

« Il ne faut pas confondre les Eglises chrétiennes et l'Evangile du Christ. Les Eglises prêchent l'Evangile plus ou moins fidèlement; elles ne le mettent pas en pratique tout entier, ni toujours. Ce qui est vrai des hommes est vrai des Eglises : il n'y en a pas une de juste, non pas même une seule !

« Passant, arrête tes pas et écoute !

« Quand les Protestants parlent des Chrétiens qui fondèrent leurs Eglises au XVIe siècle, ils aiment à les appeler leurs pères, car ces chrétiens furent les héros admirables de la foi, de la piété, du martyre. Cependant ils furent aussi des hommes, c'est-à-dire des pécheurs. Et précisément, grâce au respect, à l'amour pour l'Evangile du Christ qu'ils ont inspiré à leurs enfants, ceux-ci en sont arrivés à distinguer entre les merveilles que cet Evangile a accomplies par leurs pères, et les fautes que leurs pères ont commises, en contradiction avec cet Evangile.

« Voilà pourquoi, au nom de la solidarité, du sang et de la foi, les protestants réformés ont voulu faire amende honorable. Ils attestent, ils certifient leurs regrets, leur humiliation d'autant plus sincère et plus douloureuse qu'elle est plus filiale.

« Comment pourrait-on désormais nous reprocher des actes que nous avons si solennellement condamnés? La dette que nos pères avaient contractée, non pas envers Dieu, mais envers la société humaine, nous, les enfants, nous la payons, comme peut se payer une dette qui fut une erreur: en la reconnaissant. Non pas aux yeux de Dieu, mais aux yeux des hommes, cette dette est effacée, elle est expiée! Les adversaires du protestantisme n'ont plus le droit d'en parler...

« Passant, arrête tes pas, et réfléchis ».

S'adressant aux catholiques,

« Supposez, dit-il, que demain les journaux publient la nouvelle suivante :

« Le nonce de Paris est arrivé à Rome, et Pie X l'a immédiatement entretenu d'un projet qui lui tient, paraît-il, fort à cœur. Il s'agirait d'élever un monument expiatoire de la Saint-Barthélemy. Pour proclamer qu'il désavoue, au nom de l'Eglise, la part que l'Eglise a prise dans les persécutions, dans les intolérances des siècles passés, le pape a décidé de dresser, en face du Louvre, à l'ombre de l'église de St-Germain-l'Auxerrois, dont la cloche donna le signal du fameux massacre, un bloc de granit, avec cette simple inscription : « Au nom de l'Eglise et de la chrétienté catholique : peccavimus ». Le monument sera inauguré le 24 août prochain ».

« Quelle stupéfaction saisirait le monde politique aussi bien que le monde religieux ! Comme on s'arracherait les journaux ! Comme on se refuserait à en croire tout d'abord ses yeux ! Et, du coup, quelle force, quel prestige Rome recouvrerait ! Les armes les plus dangereuses tomberaient des mains de ses adversaires. La Libre-Pensée ne pourrait plus lui reprocher l'Inquisition. Les Protestants ne pourraient plus lui reprocher les Dragonnades, ni la Révocation de l'Edit de Nantes... Depuis la révolution religieuse du XVIe siècle, on n'aurait pas vu de révolution ni plus profonde, ni plus immense.

« Messieurs, voilà le sens exact de notre monument expiatoire ».

Arrivant aux libres-penseurs, M. Doumergue s'exprime ainsi :

« Genève est fière de son Saint-Pierre, de son lac, de ses ressources intellectuelles, et les étrangers, qui ne cessent de la visiter, attestent que cette fierté est légitime. Cependant, il y a des cathédrales plus grandes, il y a d'autres lacs qui sont beaux

aussi, il y a d'autres capitales qui rivalisent avec
elles de richesses intellectuelles. Seul un monument
ne se trouve ni au bord du lac des Quatre-Cantons,
ni sur les lagunes devenues mouvantes de la
piazetta de Venise, ni à l'ombre de Saint-Pierre de
Rome ou de l'Escurial d'Espagne, ni dans un
square de Londres, ni sous les tilleuls de Berlin,
ni près les Tuileries de Paris, ni ailleurs, ni nulle
part... C'est le *monument expiatoire*.

« Qui le proclame ? Un penseur italien aussi
éminent et aussi indépendant que le célèbre éco-
nomiste et financier, que le nouveau ministre Luigi
Luzatti. « Les calvinistes de Genève, vient-il
d'écrire, ont voulu être les premiers dans cette
entreprise mémorable des expiations rédemptrices.
Ils sont les précurseurs glorieux, les initiateurs
admirables de pareilles expiations futures ». Et qui
le proclame encore ? Un libre-penseur aussi ardem-
ment militant, aussi radicalement rationaliste que
le professeur de l'Histoire de la Révolution, à Paris,
M. Aulard : « La cérémonie expiatoire qui va avoir
lieu à Genève, a-t-il dit, a un caractère bien plus
remarquable que toutes les cérémonies analogues
qui ont eu lieu autre part jusqu'ici ; elle est, dans
l'histoire de l'humanité civilisée, un événement, une
nouveauté ».

M. Doumergue termine son éloquent discours
par une allégorie faisant revivre Calvin :

« Vieux Genevois, s'écrie-t-il, regardez !...
Ecoutez !...

« Un soir d'automne — la journée avait été belle

et douce — les derniers rayons du soleil doraient les feuilles jaunies des grands arbres qui abritent, de leur paix élyséenne, le monument de Champel. Calvin, tout fatigué, avec son haleine courte de poitrinaire, s'appuyait sur le bras de son disciple Bèze, et tous deux allaient, pas à pas, par les chemins silencieux et déserts. Ils arrivèrent devant le bloc de granit. Calvin lut l'inscription et resta immobile. Il s'était tout à coup comme perdu dans sa méditation intérieure. Au bout de quelques instants, sans avoir rompu le silence, il reprit lentement sa route, encore plus courbé sur le sol qu'auparavant. Et tout bas, se parlant à lui-même, il se mit à murmurer le mot qui fut toute sa doctrine et toute son Eglise : l'honneur de Dieu. Les deux réformateurs gravissaient, non sans peine, le chemin par où descendit Michel Servet. Calvin s'arrêta et, bien que le souffle lui manquât presque, il dit, de façon à être entendu par son disciple : « Ils ont compris ce que je leur ai enseigné. A nous la honte et la confusion ».

Le monument de Genève peut être considéré comme la tombe de Servet, et « cette tombe que nous ne refusons à aucun de ceux qui nous quittent », élevée sur la colline de Champel, au lieu même où le corps de Servet fut livré aux flammes et sa cendre jetée au vent, ne sera pas considérée comme celle d'un supplicié, mais bien comme celle d'un héros, d'un martyr.

MONUMENT DE VIENNE

Si de toutes parts s'élèvent, en France, des monuments et des statues pour les illustrations locales, la ville de Vienne, il faut le reconnaître, n'en a pas abusé jusqu'à présent. Seule la modeste statue du poète Ponsard est enterrée entre les arcades de l'Hôtel--de-Ville. Que de places vides dans tous nos quartiers ! Est-ce que de glorieux personnages nous manqueraient ? Nous ne le croyons pas, et, sans remonter aux martyrs de la foi et de l'autocratie, nous pourrions citer plus d'un savant, littérateur, historien ou archéologue, digne du marbre ou du bronze. Seulement le vent n'est pas aux statues, le Conseil municipal de Paris n'en autorisera plus de nouvelles et la Presse réclame des monuments symboliques.

C'est sous l'administration de M. Camille Jouffray

que le premier hommage fut rendu à la mémoire de Michel Servet ; sur la proposition du Maire, le nom de Servet fut donné au boulevard sur lequel a été aménagé le groupe scolaire du quartier sud de la ville.

L'initiative du monument fut prise, en 1903, par M. Albert Monot, publiciste, qui fit adopter son idée par la Société de *Libre-Pensée* de Vienne ; la commission d'initiative fut ainsi composée :

MM. Edouard Gæchner, professeur au Collège, président de la Ligue des Droits de l'Homme ; J. Brenier, manufacturier, conseiller municipal, président de l'Amicale Laïque ; Eugène Lambert, instituteur, président de la Société de Libre-Pensée ; Rollin, professeur au Collège et Albert Monot.

Depuis, cette commission est devenue indépendante et elle s'est adjoint MM Ch. Bauquier, contrôleur des Contributions directes, trésorier de la Ligue des Droits de l'Homme ; M. Blandin, architecte, conseiller municipal, président du Sou des Ecoles Laïques ; J. Griffet fils, négociant ; Dr J. Latour, vice-président du Sou des Ecoles ; J.-B. Prévot, industriel, délégué cantonal ; Fernand Raymond, contrôleur des Contributions directes ; Joseph Ruf, négociant (1).

Ayant accepté d'être Président effectif du *Comité de Patronage*, M. Camille Jouffray, ancien Maire de

---

(1) MM. Gæchner, Dr Latour et Prévot ont été élus conseillers municipaux de Vienne, les 27 mai et 3 juin 1906. Le 10 juin suivant, M. Brenier a été élu Maire et M. Blandin, 1er Adjoint.

Vienne, aujourd'hui sénateur, s'empressa de profiter de la présence à Paris de MM. Bresse, Maire de Vienne et Buellet, sous-préfet, et accompagné de ces Messieurs en même temps que de MM. Buyat et Plissonnier, députés de l'arrondissement de Vienne, et Romatif, maire de Roussillon, demanda à M. le Sous-Secrétaire d'Etat des Beaux-Arts, le 29 juin 1905, de vouloir bien accorder une subvention au monument que l'on se proposait d'élever à Michel Servet, sur l'une des places publiques de Vienne.

M. Dujardin-Beaumetz accueillit cette demande avec la plus bienveillante gracieuseté et promit formellement la subvention ; il accentua cette promesse par cette lettre qu'il écrivit immédiatement à M. Jouffray :

« Mon cher Sénateur et ami,

« Vous pouvez être certain que le Ministère des « Beaux-Arts donnera sa souscription au Monument « de Michel Servet. »

Le Conseil municipal de Vienne, après avoir, au mois de juillet 1905, décidé, séance tenante et à l'unanimité, le principe d'une subvention au monument a, dans sa séance du 28 janvier 1906, sur la proposition de M. Bresse, Maire, voté, avec la même unanimité, une somme de cinq mille francs.

Le Conseil général de l'Isère, sur les instances premières de M. Jouffray, auprès de M. Dubost, Président, de MM. Buyat et Plissonnier, avait voté également, à la séance du 31 août, une subvention de 500 francs.

En même temps, après les actives démarches de MM. Camille Jouffray, Buyat, Plissonnier et Monot, le *Comité de patronage* (1) était constitué, et des hommes éminents acceptaient de se grouper autour du Comité d'initiative.

D'autre part, par un mouvement qui l'honore, un groupe protestant français a chargé un Pasteur de le représenter à l'inauguration du monument, et de faire amende honorable pour la mémoire de *Calvin*.

L'exécution du monument a été confiée à notre compatriote, M. Joseph Bernard, dont la réputation n'est plus à faire (2).

D'après l'étude faite, Michel Servet serait représenté sur le bûcher, au milieu des flammes, attaché à un pieu avec des cables en fer, son livre lié à ses flancs, et sur la tête une couronne de feuillage enduite de soufre. C'est une œuvre d'un saisissant réalisme, d'une cruelle vérité.

De l'attitude du supplicié, de son masque plein de noblesse se dégage l'impression d'une abominable souffrance physique, dominée par l'invincible énergie que donne une conviction profonde.

A ses pieds une femme, symbolisant la Science devenue libre, soulève devant la Jeunesse nouvelle

---

(1) Voir en tête de la brochure la composition de ce Comité.

(2) M. Bernard est l'auteur de l'*Espoir vaincu*, du *Penseur* et de sujets divers du plus grand intérêt. Il travaille aussi à l'exécution d'une œuvre gigantesque, *le Fardeau de la vie.*

le voile qui a dérobé à la conscience et à l'intelligence humaines les secrets de la nature.

La Jeunesse, dans ce groupe sublime, est traduite en l'image de deux êtres synthétisant la Foi en la Liberté et l'amour de la Vérité.

Le piédestal de la statue comporte des bas-reliefs rappelant divers épisodes de la vie du penseur.

Pour montrer tout l'intérêt qu'il attache au monument à ériger, M. Dujardin-Beaumetz, accompagné de M. Cordelet, sénateur, et de M. Jouffray, a rendu visite à l'artiste, à qui il a adressé de bien sincères félicitations au sujet de ses divers travaux.

La Commission d'initiative s'est mise à l'œuvre et a adressé une circulaire pour recueillir des souscriptions. Le Comité de patronage ne manquera pas de lui prêter un concours effectif ; le Monument s'exécute... A bientôt donc l'inauguration.

CONCLUSION

———

L'œuvre de Servet, mal définie, dénaturée inten-
tionnellement par certains historiens, a besoin d'être
précisée.

Après avoir résumé les études et les dispositions
d'esprit, qui amenèrent Servet à la négation du
Mystère de la Trinité, nous le trouvons aux prises
avec les éléments catholiques d'un côté, les chefs
du parti réformiste de l'autre, et se plaçant carrément entre les deux écoles: « Aucun des deux
partis, disait-il, ne possède la vérité pure et complète,
mais chaque parti n'en détient que des fragments ;
chacun reconnaît l'erreur de l'autre et ne sait pas
découvrir la sienne ».

Sans entrer dans les nombreuses discussions
dogmatiques qui suivirent, on peut affirmer que le
but de Servet était de « ramener la religion chré-

tienne à sa *pureté primitive*, en faisant ce que n'avaient fait ni Luther, ni Calvin, en procédant à une réforme plus radicale encore, et en élaguant, du tronc de l'Eglise, *tout ce qui lui paraissait des excroissances parasites*, tout ce qui n'était pas *conforme au texte sacré des Ecritures;* il voulait rétablir, sur sa *base naturelle*, l'édifice de la doctrine chrétienne ».

Tandis que Servet semblait entièrement absorbé par des recherches scientifiques et par la pratique de son art, son idée se transformait peu à peu au fond de son cerveau, y subissait le laborieux travail de la maturation et s'apprêtait à éclore. C'est cette œuvre, lente et difficile, résumant toute sa doctrine, qui a été développée dans son livre *Christianismi Restitutio*, et dont on lui a fait un *crime*.

En glorifiant Michel Servet, qui a jeté un véritable éclat sur la ville de Vienne, comme penseur et comme médecin, les initiateurs du monument ont entendu se placer en dehors et au dessus de toute querelle confessionnelle. Le seul point de vue qu'ils ont envisagé est le point de vue philosophique ; et la seule leçon qu'ils souhaiteraient voir dégager de leur initiative est une leçon de tolérance.

Ils ont parfaitement compris que, pour juger sainement un fait historique quelconque, il faut se rendre compte du milieu dans lequel il s'est déroulé, le situer philosophiquement, moralement et même confessionnellement, dans le temps et dans le lieu où il s'est accompli, avec le cortège des passions, des controverses et de toutes les impulsions du moment.

Aussi seul l'esprit sectaire pourrait-il rechercher dans l'œuvre du Comité une intention de polémique ou de représailles, contre des idées et des méthodes, de les imposer irrémédiablement ruinées et condamnées par la conscience moderne. Sa pensée loyale, plus simple et plus haute, a été de traduire, d'une façon concrète et durable, l'heureuse évolution de la pensée humaine dans le sens de la tolérance la plus large et du libre examen le plus complet.

Les bienfaits de la liberté politique s'étendent chaque jour, l'horizon que nous embrassons s'élargit sans cesse. La notion du droit, ayant comme corollaire naturel celle du devoir, s'épure de plus en plus ; à mesure que l'intelligence grandit l'idée morale se développe, se précise, et devient plus vaste, plus généreuse, plus humanitaire.

Il faut reconnaître aussi que le grand courant social, qui pénètre dans toutes les classes, grâce à l'enseignement de nos écoles, délivrant l'élève des servitudes de l'ignorance, amènera nécessairement une société meilleure, une conscience publique plus élevée.

C'est pénétrés de ces sentiments que quelques-uns de nos concitoyens, partisans zélés de l'indépendance religieuse, ont jugé opportun, nécessaire, à l'heure actuelle, d'appeler l'attention de la jeunesse, de la génération nouvelle, sur un homme éminent, un savant méconnu, qui a lutté, combattu et succombé pour la liberté de ses convictions, et aussi sur les grands souvenirs qui intéressent le pays, particulièrement notre région, alors surtout que les faits qui en découlent portent, en eux-mêmes, une précieuse leçon, un grand enseignement.

Le monument viennois, qui résumera cette leçon et cet enseignement, au lieu de personnifier ce qu'il représente : l'obscurantisme et la persécution, se dressera au contraire, — imposant et grandiose, — comme un éloquent et touchant contraste, comme une énergique et palpitante protestation, comme un emblème sublime de rénovation sociale et aura pour tous — en vue de l'affreux supplice — cette salutaire signification :

Paix, Tolérance, Libre-Pensée !

Les protestants genevois ont donné au monde religieux tout entier, aux religions de tous les les cultes, un grand exemple de libéralisme. « Tout en *répudiant* et *réprouvant* l'acte d'intolérance de Calvin, ils sont restés très attachés à la mémoire du Réformateur et de son œuvre ».

Sur l'initiative d'Henri Rochefort, une statue de Servet « savant, victime de tous les fanatismes », serait érigée à Paris, non loin du Panthéon et le Conseil municipal se serait associé à cette œuvre par une souscription directe. L'exécution de cette statue aurait été confiée au sculpteur Jean Baffier. Servet serait représenté avec des vêtements délabrés, les pieds liés, les bras croisés et enchaînés sur la poitrine.

L'Espagne ne reste pas insensible aux manifestations en faveur de Servet : un vaillant citoyen, Louis Lapuya, membre du *Comité international de la Libre-Pensée*, vient de proposer, dans *El Progreso*, qu'un comité soit constitué à Saragosse, ville républicaine, pour ériger,sur une des places de cette démocratique cité, une reproduction du monument qui va être élevé à Vienne. Déjà, en 1870, une statue fut érigée à Madrid, dans le *musée antropolojicas*, par le célèbre professeur Vélasco pour perpétuer, dans sa patrie, la mémoire de « l'immortel et infortuné Aragonais ».

La vieille cité romaine, qui s'appela : « Vienne la belle, Vienne la sainte, Vienne la patriote », et eut ses jours de splendeur et de gloire, croit de son devoir, avec l'assentiment unanime de la Municipalité, d'ériger, à son tour, sur une de ses places, le jardin public sans doute, un monument, tout en son honneur, affirmant hautement la liberté de conscience, qui rappellera bien tristement aux générations futures, en dehors de tout esprit de parti politique ou religieux, les erreurs, les crimes du passé et sera considéré, par tout citoyen, comme un acte de généreuse réparation et d'éclatante justice.

TABLE DES MATIÈRES

Vienne, Imp. Ogeret & Martin — H. MARTIN, Succr

www.ingramcontent.com/pod-product-compliance
Ingram Content Group UK Ltd.
Pitfield, Milton Keynes, MK11 3LW, UK
UKHW020020100726
13658UKWH00003B/1002